真剣乱舞祭2017

彩時記

日本武道館
2017.12.8-12.9

2017
加州清光

MUSICAL
刀剣乱舞

誉

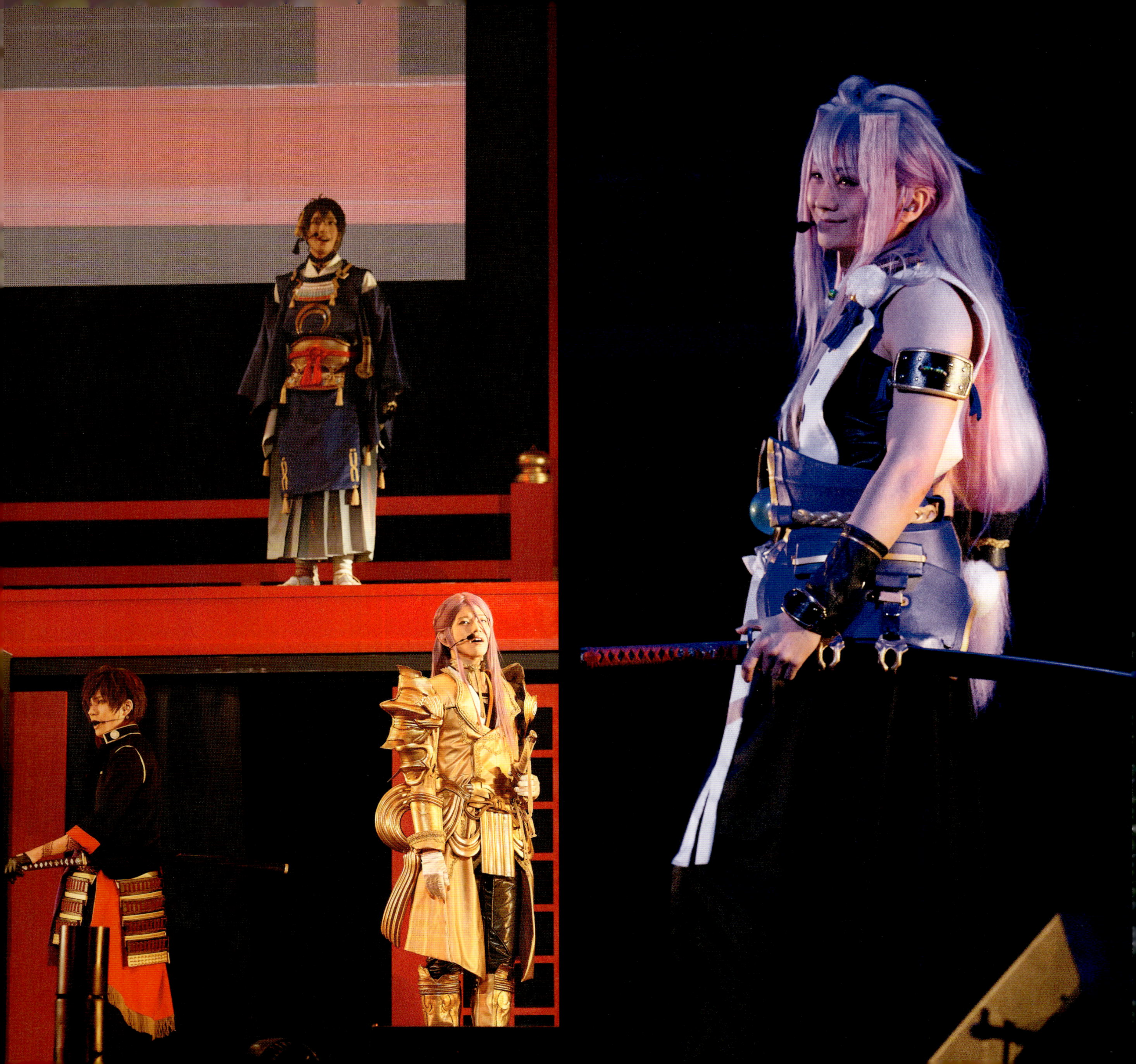

大阪城ホール

2017.12.12-12.13

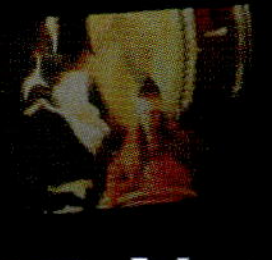

LIVE NUMBER

『蒼然百物語』
作詞：浅井さやか　作曲・編曲：YOSHIZUMI

『あどうつ聲』
作詞：浅井さやか　作曲・編曲：YOSHIZUMI

『ユメひとつ』
作詞：FUNK UCHINO　茅野イサム　作曲：Shoma Yamamoto　TAKAROT　FUNK UCHINO
編曲：Shoma Yamamoto　TAKAROT

『千本目のちぎり』
作詞：浅井さやか　作曲・編曲：YOSHIZUMI

『脱いで魅せまショウ』
作詞：浅井さやか　作曲・編曲：YOSHIZUMI

『双つの軌跡～となり～』
作詞：浅井さやか　作曲・編曲：YOSHIZUMI

『Can you guess what?』
作詞：篤志　渡辺光彦　作曲・編曲：篤志

『Jackal』
作詞・作曲：Kenji Kabashima（Wee's inc.）
編曲：WolfJunk（Wee's inc.）　Kenji Kabashima（Wee's inc.）

『Nameless Fighter』
作詞：ENSHU（Wee's inc.）　作曲：ツカダタカシゲ（Wee's inc.）　ENSHU（Wee's inc.）
編曲：ツカダタカシゲ（Wee's inc.）

『Signalize』
作詞：miyakei　作曲：草川瞬　原田峻輔　編曲：原田峻輔

『Get your Dream』
作詞・作曲：JUNKOO　篤志　渡辺光彦　編曲：篤志

『BE IN SIGHT』
作詞：miyakei　作曲：原田峻輔　大智　編曲：原田峻輔
Stage Arrangement：YOSHIZUMI

『Beautiful Life!!』
作詞：miyakei　作曲：SHIKATA　原田峻輔　大智　編曲：原田峻輔

『Real Love』
作詞・作曲・編曲：WolfJunk（Wee's inc.）

『mistake』
作詞・作曲：多田慎也　TAKAROT　編曲：TAKAROT
Stage Arrangement：YOSHIZUMI

『サヨナラ』
作詞・作曲・編曲：田尻知之（note native）　本澤尚之
Stage Arrangement：YOSHIZUMI

『美しい悲劇』
作詞・作曲・編曲：田尻知之（note native）　本澤尚之

『獣』
作詞・作曲・編曲：SAKRA
Stage Arrangement：YOSHIZUMI

『勝利の凱歌』
作詞：茅野イサム　作曲・編曲：篤志
Stage Arrangement：YOSHIZUMI

『えおえおあ』
作詞：篤志　渡辺光彦　茅野イサム　作曲：篤志　渡辺光彦　編曲：篤志
Stage Arrangement：YOSHIZUMI

『KEY MAN』
作詞：miyakei　作曲：草川瞬　原田峻輔　大智　編曲：原田峻輔
Stage Arrangement：YOSHIZUMI

『SA・KA・ZU・KI 華兄弟！』
作詞・作曲・編曲：mikito
Stage Arrangement：YOSHIZUMI

『歓喜の華』
作詞・作曲：篤志　渡辺光彦　編曲：篤志
Stage Arrangement：YOSHIZUMI

『漢道』
作詞：渡辺光彦　作曲・編曲：篤志

『てのひら』
作詞：浅井さやか　作曲・編曲：YOSHIZUMI

『かざぐるま』
作詞：浅井さやか　作曲・編曲：YOSHIZUMI

『刀剣乱舞～真剣乱舞祭 2017～』
作詞：茅野イサム　作曲：篤志　渡辺光彦　編曲：篤志
Stage Arrangement：YOSHIZUMI

さいたまスーパーアリーナ
2017.12.19-12.20

SHINKENRANBUSAI 2017
BACK STAGE

STAGE

E2

STAGE

ミュージカル『刀剣乱舞』～真剣乱舞祭2017～

日本武道館 2017.12.8-12.9 ／ 大阪城ホール 2017.12.12-12.13 ／ さいたまスーパーアリーナ 2017.12.19-12.20

原案	「刀剣乱舞-ONLINE-」より（DMM GAMES/Nitroplus）
総合演出	茅野イサム
脚本	御笠ノ忠次
振付・ステージング	本山新之助
振付	TETSUHARU

CAST

三日月宗近役	黒羽麻璃央
小狐丸役	北園 涼
石切丸役	崎山つばさ
岩融役	佐伯大地
今剣役	大平峻也
加州清光役	佐藤流司
和泉守兼定役	有澤樟太郎
蜂須賀虎徹役	高橋健介
長曽祢虎徹役	伊万里 有
にっかり青江役	荒木宏文
千子村正役	太田基裕
蜻蛉切役	spi
物吉貞宗役	横田龍儀
大倶利伽羅役	財木琢磨
髭切役	三浦宏規
膝丸役	高野 洸
武蔵坊弁慶役	田中しげ美
源義経役	荒木健太朗
源頼朝役	冨田昌則
藤原泰衡役	加古臨王
近藤勇役	郷本直也
土方歳三役	高木トモユキ
沖田総司役	栩原楽人
徳川家康役	鷲尾 昇
松平信康役	大野瑞生
竹千代役	阿由葉朱凌 ※Wキャスト
竹千代役	小島幸士 ※Wキャスト
吾兵役	高根正樹

岩崎大輔	大野涼太
小笠原真悟	金子直行
河野健太	鴻巣正季
笹原英作	佐藤一輝
sho-ta.	Show-Me
杉山諒二	TAKUYA
南條良輔	西岡寛修
服部 悠	前原雅樹
村上雅貴	村中一輝
百瀬 礼	山口敬太

STAFF

音楽監督	YOSHIZUMI
殺陣	清水大輔
照明	尾崎知裕
音響	山本浩一
音響効果	青木タクヘイ
映像	石田 肇　横山 翼
衣裳	小原敏博
ヘアメイク	糸川智文
ライブ衣裳	農本美希（エレメンツ，アッシュ）
歌唱指導	カサノボー晃
太鼓指導	東京打撃団（平沼昭一　加藤拓哉　佐藤晃弘）
ビジュアルポイ指導	Yuta　Asuka
演出助手	池田泰子
舞台監督	井上陽介
美術・デザイン・施工	菅谷忠弘　許斐 翔　坂下みつき
映像機材	大橋 俊　安田佳弘
特効	高橋正和
電源	阿部かほり
サービスカメラ	新井貴博　岩崎 圭　橋本圭祐 井上健史　牧 潔　鴨川亮介　木本 葵 蘇 宥沂　樋口大輔　矢口 綾
サービス映像撮影監督	川村真司　藤永あづさ
サービス映像指示出し	御代川直子　吉田麻衣
サービス映像スイッチャー	井上和行
サービス映像テクニカルディレクター	小村賢司
サービス映像制作	佐々木健彦　近藤拳士
小道具	田中正史（アトリエ・カオス）
照明操作	木村伸子　呉 品毅　大池 至　森本紀子 森山拓馬　湯浅あゆ　田端真実　高田海帆
音響操作	松山 岳　村上真紀　渡邉武生　森 真吾 広長のぞみ
音響効果操作	矢野夏帆　高島 斎
映像操作	桜葉銀次郎 海老沼宏佳（インターナショナルクリエイティブ）
衣裳進行	名村多美子　懸樋抄織　竹内さや香 沼田梨沙　角南由佳　山田有紀　柿沼千晴 渡辺由紀子　高橋幹子　小山牧子
ヘアメイク進行	谷本明奈　杉野未香　鈴木りさ　津田亜由美 小畑 央　田中沙季　石津智美
小道具進行	新納大介　松井桃子　藤村謡子　岩倉隼人
振付アシスタント	松ヶ谷ほのか　石川温美
音楽アシスタント	杉田未央
衣裳アシスタント	小林由香
演出部	堀内達矢　鈴木佳織　高地修禎 西海英志
映像制作	小野奈津江　スタックピクチャーズ 株式会社 FOV
衣裳製作	大和田梓
甲冑制作	水野泰彰（Λ -Sura）
稽古場代役	宮尾 颯
トレーナー	伊藤 洋　親泊 聡　田代健一　平田基文
音楽制作	ユークリッド・エージェンシー

協力

ヴィズミック　RMP　スペースクラフト・エンタテインメント　ホリ・エージェンシー
放映新社　劇団ひまわり　キャストコーポレーション　センスアップ
フレイヴ エンターテインメント　ワタナベエンターテインメント　アバンセ　ベンヌ
長良マネジメント　ウィルビー・インターナショナル　エイベックス・マネジメント
GENKI Produce／テイクワン・オフィス　ナノスクエア　オリオンズベルト
ノックス　トルチュ　スペースクラフト・ジュニア　プランチャイム
ダンシング・オフィス西条

美術協力	シミズオクト
照明協力	SWEET STUFF GROUP
音響協力	エス・シー・アライアンス　ステージオフィス
ヘア協力	PINZORO
メイク協力	嶋田ちあきメイクアップアカデミー
小道具協力	石井 昭（藤浪小道具株式会社）
収録協力	ユークリッド・ピクチャーズ
運搬協力	プロテック
運営協力	ディスクガレージ　夢番地
制作協力	マスターワーク　サイレン・エンタープライズ S-SIZE
宣伝美術	江口伸二郎
宣伝写真	三宅祐介
WEB 制作	SKIYAKI
ビジュアル進行	茂呂みのり
キャスティング	野上祥子　二村麻里子
票券	渡部 愛
宣伝	佐藤すみれ
制作助手	後藤珠乃（S-SIZE）
制作デスク	犬飼尚子
制作進行	松本美千穂　中俣直樹　塚本恵太 上原 悠　細尾幸代（ネルケプランニング） 小野里明裕　山本 茂（マスターワーク） 小寺博昭（サイレン・エンタープライズ）
監修協力	芝村裕吏　ニトロプラス

製作委員会

石川恭司　早坂七恵　多々納麻岐（ネルケプランニング）
小坂崇氣　OK間　北岡 功　小鞠　星野未来　大幕理奈（ニトロプラス）
村中悠介　東條 寛　森田 淳　福島靖晃　太田春輝　根本幸子（DMM.com）
木村敏彦　石森 洋　宮瀬幸也　大平恵理子　羽田野嘉洋　小松清志
（ユークリッド・エージェンシー）

協力	一般社団法人 日本 2.5 次元ミュージカル協会
制作	ネルケプランニング
プロデューサー	松田 誠　でじたろう
主催	ミュージカル『刀剣乱舞』製作委員会

ミュージカル刀剣乱舞　真剣乱舞祭 2017 彩時記　STAFF

アートディレクション・デザイン	隆 俊作（Gene & Fred）
デザイン	冨澤朱夏　末次宏美（Gene & Fred）
撮影	渡部俊介　植田哲平　金山フヒト／東京公演 Studio Elenish ／大阪公演 渡部俊介　植田哲平　和田大樹／埼玉公演
ビジュアル進行	茂呂みのり　多々納麻岐
編集・制作進行	沼田由佳　斎藤 努（Gene & Fred）
制作総括	二宮 大（Gene & Fred）